AF607303

Esto no es Berlín Ediciones

Diseño de cubierta y supervisión: Karen Maza-Madrazo Mazarrasa
Maquetación: Enrique Hernández Uribe

ISBN: 979-13-991656-1-6
Depósito legal: M-8971-2026

Esto no es Berlín es un sello de la
Productora del Nuevo Relato Social

Calle Cartagena 19, 3º A. 28028. Madrid. España
Impreso en España. Madrid - Marzo 2026

José Pulido

El hocico de un caballo en el espacio cerrado de una pradera

para Daniela

sin embargo, ¿quién conoce realmente el carácter de los caballos? a veces soportan una aguja en su flanco, y otras, un resto de polvo bajo el arnés puede hacerlos desbocarse y girar sobre ellos mismos, hasta desmontar al jinete.

Bernard Marie Koltès

el carácter de los caballos

rasgo el aire
una línea
compuesta por cristales diminutos
el espacio entre el cuerpo hasta otra cosa
una fisura con el hocico sobre el campo
una lucha con la espalda siempre arqueada
las vértebras tensas
de frente en la fisura
un puerto estrecho
el cuerpo se resiste
aspirar un punto en movimiento sobre el plato

me digo
hay un punto
cristales que se mueven en un cauce
me digo enfócate en ese punto
me digo aspirar
me digo
no pierdas de vista los cristales
diminutos
un animal me digo
un caballo galopando ahí
en el trayecto

hamlet *revisited*

sí
una bestia incestuosa
un animal blanco
que te ataca
que te cerca con lascivia
un animal que es una garza sí

y el albedrío
                                        que tan virtuoso parecía
al volar sobre el lomo de aquel ave

oh hamlet qué caída a los infiernos claros desde mí
                                        cuyo amor tuvo tal dignidad
que iba a la par de aquellos vuelos
dando vueltas con fidelidad y para declinar
un ave cuyos dotes naturales son más pobres
sí

            como el hambre aunque esté unida
            a sitios más radiantes
            como lo radiante en los ojos de
            una bestia que quiere consumirte
            qué caída

a
sobre una especie celestial

qué porquería olfateo
esperando el aire limpio del día
qué porquería pienso que olfateo

pero basta
seré breve
un ave que es
y no una garza
un animal que es
y no un brebaje
un ejército corriendo dentro
y que es
y no
una garza

mi oído percibe el vigor que se cuaja
como gotas de leche agria
un plumaje que es y no es de leche
la sangre leve
y una súbita costra

sí oh hamlet
como la lepra

la pastura

I

la pastura me sublima
jalar de la crin
apretar como si la escápula se abriera
y la cruz del ruano que se cimbra bajo el pecho
al trote en el rostro
fuera una señal aparejándose

II

con qué se rasga ahora el hollar
o lo que esconde la crin enmarañada
cuando se entierra en los costados la sed

III

aquello que la zozobra desterró
el agua de la paz
lo mejor de la pastura
el cuerpo sano
la inocencia
la niñez

IV

el géiser de un cuchillo
lo que la pizca
los desechos

el asombro rojo
la cruz del ruano
que ahora gotea
el mar sobre la mesa
las tarjetas
el caballo encabritado en
el géiser de las fosas
la escápula
el geiser en el pecho
el ardor

V

del coraje del ruano
del coraje de la escápula goteando sobre la mesa
mi reflejo en la pastura de mi rostro goteando
el coraje en los costados del géiser
el coraje que se dicta
un cuchillo en la niñez
goteando

VI

el coraje
toqué lo amplio en la espesura
entregué el agua con la escápula
entregué
goteando
la sed

el arnés (2:00 am)

si piensas que es el momento
en el que el hombre y el animal
se arrojan uno sobre otro
y tamborileas el aire con los dedos
es porque el ansia corrompe
los pocos resquicios de luz que atisbas
en medio de aquel cuarto al anochecer

con la misma humildad con que
algunos animales inclinan la cabeza
tiras de tus correas melancólico
y quieres ser penetrado en secreto
por el apetito que te embarga

desde que estás
en ese sitio
todo lo que tú o
tu animal desee
y que lo hace salir fuera de casa
es suficiente para dislocar el cuerpo
sin sentirse herido

el hocico en el borde

se inclina el percherón
la boca un tajo
respira traga polvo
respira el hachazo
la aguja que queda en

la pradera no tiene bordes
no hay espacio
un aire denso
se encierra en el caballo que
se encierra con los cascos
trotando en
una línea   invisible
la fosa se abre
la inhalación que no cesa
el hocico que busca
un borde el pasto seco

el fantasma que no está
y se quedó en el polvo
bajo la brida tenso y curvado
curvado y tenso atado a las riendas

la culpa es el pasto seco
el horizonte
la pradera cerrada
el caballo que avanza
pero no sale

una aguja en su flanco

ahora
supermán de los necesitados
bajo el arnés
la totalidad de los hechos
no de las cosas
lo que acaece y me toca
no es y
de pronto
un incondicional

busco aclararme aquí
mi asunto
no el resto de polvo
algo primordial
el que con lobos anda...
aprisa
más grande
mis motivos
la rabia
un incondicional por dentro
un resto que somete
mirar atrás y remontarse
frente a cada punzada
cada muerte

ahora mismo
en este punto
quiero aclararme aquí
remontándome
partiéndome
como si lo intentara
en lo más hondo

hamlet *revisited*

una aguja enterrada que no te deja caminar
y se vuelve contra ti para tramar algo en tu contra
                                        no apuntes con esta acción a tu pasado
o en contra de tu madre
toma prestada la humildad
que una alimaña tan enemiga de los hombres
rápida como el azogue
corre a través de las puertas naturales de tu cuerpo

un bronco brío
una pujanza
la forma del aliento que se espesa y cuaja
todo tu suave cuerpo con vehemencia al fondo de tu madre
un arranque segado en pleno error
esos pinchazos que se alojan en el pecho
algo dentro
algo cano apenas pálido hamlet

                                        tu madre dijo no lo hagas no es tu culpa
                                        la carne es heredera de ese dardo atroz

un hilo blanco atravesándote
                                        oh fardo insoportable
como una flecha en el pecho

desbocarse

me caí del caballo y si lo entiendo
todavía aún mi materia única
un impacto vivo como aquel golpe
la angustia
todavía aún
un signo transformándose
un resto de polvo que bastó para caer
un efecto   en el extremo
un yugo colocado
mi única materia
en el pecho de un caballo
una imagen
un yugo hasta los bordes
de extremo a extremo de la mesa
tendido en espuma o infarto por la boca
el padre que no estuvo
espuma o infarto por las sienes
la angustia como polvo
un impacto todavía aún
el niño que las navidades no
la angustia no como rastro
y lo reconozco
y si lo entiendo

todo esto cambiará

el jinete

fuera a cada rato
el mismo estoy fuera a cada rato
los pequeños cristales en el polvo
esparciéndose
el polvo esparcido en el aire
los cristales fuera
el mismo estoy fuera de siempre
desde los cristales
desde el polvo
a cada rato esparciéndose fuera
el polvo fuera
ya lo he dejado
me digo

pero aún siguen ahí
los cristales esparcidos dentro

lo abierto

I

entre la hierba
de un lugar abierto
mi animal terrible
mi animal terror del lugar abierto
la hierba
mi animal
el terror entre la hierba
el terror de la hierba
la hierba del terrible lugar abierto
el terror de mi animal
en el salón abierto

y aquí me tienes
mi animal
en el lugar abierto
aquí me tienes
en el lugar abierto del terror
entre la hierba
aquí me tienes
terror de mi animal terrible

II

Tú que has venido a apullarme la hechura
en el espacio abierto de una pradera
en la brillante línea de la sensación terrible
mi animal terrible   qué temes

el arnés (4:00 am)

la hora en que todo animal
se pone a la altura de los hombres

lo que temes es

la capacidad
que se despierta en ti para hacer daño
lo líquido que se proyecta
en los ojos de las bestias

lo que temes es

la euforia babeando en el hocico
la felicidad extrema
levantar un resto de polvo
y ponerte a girar
sobre sí mismo

girar sobre sí mismo

el momento de la ira
los puñetazos en el vidrio
bajo una luz más tenue
los golpes   las navajas
esa es mi sangre pero dices
aquellas noches mi *viacrucis*
pero dices el momento de la rabia
esto es
el momento de dejar algo en cada golpe
una incisión
aquellas noches bajo el impacto de un alcaloide
las venas hinchadas
                    la carótida
el calor
                                        la cara
los puñetazos
                                        el gozo y la rabia
un par de trompadas
una herida   un pacto
aquellos días en que no anduve
es vergonzoso el atolladero
en ese incesante caótico sentía arder el cielo
relinchar en mí un horizonte limitado
la ansiedad y la torpeza

con que me iba desdibujando de lo propio
casi diluyendo
malogrado
desde un más oscuro
el peso
esa carga
los porrazos
las navajas
la palabra diluirse
esto es   huir
un destello
la hoja afilada que conservo
el tacto y la palabra
la culpa
                        los golpes
la mandíbula descolocada
descolgarse
una marca que conservo
el miedo
la inquietud que late con vergüenza
bajé
sentí abrasar un reflejo que desdibujado
de ahí vino: esto es
de forma tal que los golpes
de forma tal que
desde un más oscuro relinchar aquellas noches

el tacto

una pequeña herida

me largué de mi

ansiedad y torpeza

mi *viacrucis*

la rabia

esto es mi sacramento

desmadrarse

cada golpe

hasta caer

esto es

hasta caer

limpiarse

el lusitano que

madre
el lusitano que en la fosa
en la nariz enterrado
en la culpa abierta
en el pecho hundido

madre el lusitano
que escocea
que pisa
que supura
el lusitano
mi caballo
madre mía
en el lomo que no cede
en la brida
en la rienda que sujeta
el lusitano   madre
que se alza
el lusitano que en el suero de mi culpa
madre que en el húmero de un coletazo
madre el chingadazo
madre el lusitano que barrunta

hamlet *revisited*

no te apiades de mí y presta oído

tendrás que estar atento
sin vociferar
sin relamerte las fosas
que has llenado en tus días naturales
tendrás que purgar los crímenes o
ser purgado sin revelar los secretos de tu cárcel

me viste morir sentado a la mesa mientras tus cabellos
se erizaban como las púas de un puerco espín
mas no debes quedarte en ese pregón eterno
escucha hamlet
si alguna vez amaste a tu querido padre

se dice que comiendo en el huerto
me mordió una serpiente las entrañas
que su punzada echó raíz a gusto a mis orillas
pero has de saber que el crótalo que me relegó a las galeras
no es otro más que tú mismo y tus escamas
que a cierta edad asomaste las narices donde no debías
que te diste de bruces fuera de ti
y así clavabas tu mordida en la figura de lo que hoy te habla
pero basta

tendrás que sacar de tu oscuro bosque a otro toro atroz
a otro astado que se clava en tus costillas
para avanzar fuera ti
para que pueda partir con la sangre leve
y sana

el pinchazo

caballos encabritados sobre
los restos de una bocanada de niebla
babeantes
viscosos
entrando y saliendo por mis días
mi forma
mi deformidad
zambulléndome
desfigurado
yéndome chueco
aquello que no soy pero está
mi deformidad
eso que sólo es
cuando una bocanada entra
algo punzante en el silencio
de las pupilas dilatadas
cada vez que inhalamos   la desfiguración
taquicardia cambiando sin cesar
la forma de mi cara
no está uno para tomar el cuerpo
un salto mortal
hacerse cargo

la orfandad

el árabe que delata la orfandad
por la nariz en la espinilla golpeada
las costillas vacías el árabe madre
en tu vientre que se hunde
la taquicardia de la mula que me pisa
de la mula que carga el clavo y llega
llaga en la recaída de las rodillas al suelo
madre
este caballo que no basta
mi árabe madre mi alucinación
que escucha este vacío
la sobredosis en el pecho abierto
y la mula que llega y me abre
en la sobredosis
son ansiedad los cascos en la ruina
este caballo madre
que se niega a la brida el árabe
madre que clava sus espinas
el caballo que no me abandona
y en la luz
rechaza la luz

el potro, la simiente

noche de mi descomposición o un potro recorriéndome
la sangre o]
un potro
sobre las llanuras blancas que son
el cuerpo o
una simiente en
el cuerpo que es
la descomposición supurando
las llanuras blancas que son
un potro recorriéndome la sangre
en la simiente o germen
que es
mi cuerpo agostado
que es
una llanura

quise el polvo que se retuerce como
un animal que se retuerce en los pulmones
quise andar o correr o agostarme
llanura o cuerpo o descomposición o
potro]
que es la noche recorriendo el cuerpo llano
cuando al potro le sobra sangre
cuando al potro en la llanura
o el cuerpo en la simiente busca la razón

cuando la sangre era la llanura
quise al potro blanco en el cuerpo
quise a la llanura por la simiente
supurando]

la noche
que es el cuerpo en las llanuras blancas
cuando quise a lo bestia lo que se retuerce
en el cuerpo de la sangre
en los pulmones
cuando quise un potro recorriéndome el cuerpo
en lo blanco de la simiente

potro o
sangre
sangre o
cuerpo o
polvo o llanura o
o germen
o blancas o
potro recorriéndome

polvo que es
la sangre cuando se retuerce
cuando el cuerpo supurando al potro
recorriéndome es el cuerpo
sobre el germen en las llanuras blancas

la sangre en las llanuras

la sangre sucia en el hocico reventado
en las llanuras blancas
cuando la bestia resopla desde dentro
cuando desde el fondo se agosta el animal
y me abandonan las fuerzas
las llanuras en sangre reventadas
al fondo de mi dolor

el arnés (6:00 a.m.)

Haremos un hueco
que nos separe
sobre la delgada línea
insatisfechos
de nuestra animalidad

pero no me pidas que adivine tu deseo
tendrías que andar en ascuas
yendo de un punto a otro
suspirando
con una luz fría sobre tu cabeza
                                        sin confundir líneas curvas con líneas rectas
porque si el lobo aparece
a todos nos comerá

y el olfato abierto para que entonces no
te visiten los coyotes
porque bien sabes que la luz del día
es cicatriz que tarde o temprano
termina por cobrar sus deudas.

el cielo de un caballo

durante la madrugada
por los cascos de la espera que lo doma
la brutalidad de un intervalo relincha
en el cielo del caballo
y se abre a lo prístino en los despojos
a lo limpio de la basura
a lo prístino agujereado
ridículo
pero lo prístino enceguece
descaballa
lo limpio erra la herradura

el cielo de un caballo durante la madrugada
alebrestado por los cascos de la espera
rumia un vástago
un cerdo con las manos juntas

lo bravo de los cascos de la espera
en la madrugada
lo bravo que me hace relinchar.
que perturba la muerte del cielo en el caballo

hamlet *revisited*

asesino infame
que atentas contra ti y contra los tuyos,
bestia de alma menos natural
que hizo costra sus venas,
donde domeña la memoria
las articulaciones de tu infancia.

¡oh, necio voraz,
semilla echada a tierra yerma,
buitre zalamero,
dulce enfermo triste!

no ensucies más tu conciencia
ni dejes que el cielo trame nada
y destierra la culpa de tus huesos,
que, a pesar de todo,
sigo siendo tu padre,
domador del fuego.

rocinante

I

tan delgado y se trabaja
un bocado tan se come
la lengua al aire donde
paja no deja ya la cuna
ultrajada rocinante tan
malcriado no es prudencia
metafísico el caballo rocinante
un bocado al aire enamorado en
la dolencia que se come cuando
de la cuna pasa la paja
no hay amo, ni rocín
sólo el aire
tan delgado asno y no es
metafísico bastante.

II

la humildad rocinante de
quien posee frente al hambre
tan delgado de quien el aire
metafísico cuando la paja del amo
atraviesa la lengua frente a quien

posee la humildad frente al aire
tan delgado y
se trabaja la humildad de quien
rocinante
el hambre posee
la paja

III

asno se es
rocinante
de la cuna a
la mortaja estéril de
quien trabaja o posee
de calor estéril la
injusticia dentro de la cuna
estéril asno de
quien del aire a la lengua
atraviesa rocín no hay
paja no hay
el que posee no hay
mortaja tan delgado
y se es asno estéril
en la cuna

IV

amo tan rocinante es
el hambre tan o casi
melancólico de
gruñidos sordos la
mortaja estéril de
quien la cuna el aire
posee tan delgado y
sordos ultrajada la
prudencia que se come
la sesera cuando el hambre
de la paja y un bocado
metafísico tan atraviesa el
frente de los gruñidos
la prudencia o el hambre
en la sesera
rocinante

purasangre

I

de zaino su cruz madre de alazán su culpa
de patas largas su galope
de manchas blancas sus rodillas
del pecado su conformación

madre tú que elegiste al más alto
al más recto al más hermoso
de entre los potros
criándolo para el galope
para cargar la cruz
que nos hunde las costillas
madre que lo nombraste
en la noche de su primer relincho
que lo amarraste al campo seco
y lo bañaste en el polvo del balance de nuestra ruina

madre el purasangre se alza
sus patas pisan el vientre de nuestra vergüenza
el aire de su pecho resuella taquicardia
siglos que se adivinan en la sangre el purasangre
madre que galopa en el clavo que fijaste en su herradura
madre el purasangre que te mira

desde la línea blanca de su frente
hoy te habla

II

de zaino su cruz
de tordillo su galope
madre
la crin larga que nos roza el pecho
tu virgen madre que nos mira
desde el marco del establo
la ruina de su manto
el purasangre se alza
golpea la tierra
su corazón late en el clavo
que fijaste en el vientre
el purasangre aspira
madre
la cría pura
el purasangre que supura
enganchado sobre el heno
el purasangre que te mira
que te nombra
la sombra que galopa
sobre lo que hoy te habla
madre
el purasangre

III

el purasangre madre
el purasangre se alza
de alazán su galope
de castaño su lomo
de fractura su carrera
corre en la pista de polvo madre
en el polvo de sus fauces
en la caída que parte las patas
suspendido el purasangre madre
una cría que no bastó un linaje
que se retuerce en su peso
castrado en su galope
sometido a la brida
el purasangre que no fue
la pista arde madre
los cascos sangran tras el rastro

partido en su masa que no soporta ya los huesos
madre el purasangre se pregunta
cómo se escapa
qué puerta rompe el galope
dónde termina la pista madre
mi pecho late en la hemorragia
mi nariz resuella en el polvo de su estirpe

la cola arrastra el vientre
el corazón pequeño
los cascos golpean el aire
y el aire denso no se abre

el purasangre se pregunta madre
quién lo amarra a la pista
quién lo suelta en el polvo
quién lo obliga a correr hasta el colapso

el purasangre madre
el huérfano de la llanura
propenso al dolor de sus patas
a la hemorragia que oculta su galope
al peso que parte su cuerpo
el purasangre mira
                                        madre
huérfano en su brida
huérfano en su sombra
huérfano
                              no encuentra el camino

la furia de los días

y si los ídolos de la cólera con la piel abierta
a mitad del trote en el camino
sin una lengua de cristal
sin eufemismos trampas transacciones
abiertos en su totalidad
en todo lo que la vida tocó
resguardó
en silencio
trampas
sin eufemismos
el estribo en su totalidad
sin una lengua de cristal
sin transacciones en todo lo que la vida no toca
aunque nos sujetemos de la horquilla
cerca en corto
una semilla amarga en mitad del trote
sin una lengua de cristal
sin eufemismos
aunque nos sujetemos de la horquilla
en su totalidad
trampas transacciones
el estribo
las pupilas inyectadas
el habla entumecida bufando

bufando en todo lo que la vida ha tocado
y resguardado en silencio
una semilla amarga en mitad del trote
un brote con la piel abierta en el camino
lo que la vida no toca
sin una lengua de cristal
trampas sin eufemismos
transacciones
y el estribo bufando
bufando los ídolos de la cólera que no tocan la vida

enfrente del cristal
dos narcisos de humo
mirando y mirando
hacia adentro
cuando los ídolos de la cólera te cercan
pero también cuando nos sujetemos de la horquilla
para no caer al trote en el camino anudados
una semilla amarga
un relincho hacia el sitio que la vida nos daba
abiertos a un lugar
no a mitad del trote
a un lugar abierto
anudados en el estribo
bufando y relinchándonos a la menor provocación
no en el camino

en la totalidad de la piel
cerca de un límite

y sin embargo   quizás   o incluso
bajo los diamantes de la fiebre ahogada
a mitad del trote del caballo
quizás   o incluso
sin eufemismos
sin una lengua de cristal
la patada en el costado
el corazón latiendo
todo lo que la vida ha tocado con repetidos espasmos
en la boca del estómago y las manos
el estribo
el aguijón en los diamantes de la fiebre
incluso el caballo   el costado
su totalidad voraz
                              voraz
                                                   voraz

entrelazo las manos
me dispongo

si al calor del alcaloide el meridiano
la sombra de mi padre
la culpa amarga

la agria verdad horadándome tu nombre
y yo atenazado
cercado con la cruz en la frente
con el peso de la cruz en su totalidad
sin una lengua de cristal   sin eufemismos
horadándome en el centro tu nombre
y yo atenazado en su totalidad
en todo lo que la vida ha tocado
me resguardó en silencio
                                        la desmesura
el peso de la cruz   la culpa amarga
la agria verdad al calor del alcaloide
el meridiano
la sombra de mi padre horadándome atenazado sobre la cruz
sin poder bajarme

y si eufórico con la marca del hierro caliente entumecido
en su totalidad
en su totalidad con la cicatriz en la grupa
el camino níveo   el trote del caballo
la patada en el costado
bajo los diamantes de la fiebre eufórico
sin una lengua de cristal
sin eufemismos
con la cicatriz en la grupa
sonriendo en su totalidad

todo lo que la vida ha tocado y guardó en silencio
y no toca
horadándome
encabritado
con la cicatriz eufórico
con la marca del hierro caliente sobre el camino níveo

nívea la patada en el costado
                                        níveos los diamantes de la fiebre
aspirando
                                        aspirando
                                                                                aspirando
entumecido
eufórico con la marca del hierro caliente
entumecido
                                        eufórico
                                        deformado
                                        sonriendo

las manos atadas
el alma atada
la gran fiesta terminó
el cuerpo bajo la marca
las urgencias
el galope en los pulmones
los caminos

el señalamiento

y el juicio

y eufórico

y desbocado

asumiendo la desesperación

el ansia   la oscuridad   el estribo

la culpa amarga   la agria verdad

desbocado y todo el nombre de mi padre

los jueces que en su cólera señalan

con su propia cicatriz en su totalidad

el señalamiento

la patada   lengua de cristal   el caballo

latiendo

desmontarse

sí
una mayor entereza
no pienso es ánima
no
otra cosa
lo lamento
una designación
otra cosa
una creencia anclada
mi felicidad
un trabajo físico
hay que pesarla
mi felicidad
un trabajo físico
debido a
no la euforia
es
el resultado
la voluntad de desmontarse
bajarse del caballo
pero también
y
lo lamento
es la verdad

el testimonio
lo que pesa más allá
las entrañas
otro sitio
pero igual
un trabajo mental
o
lo que se pone a prueba

hay que pesarla
no pienso
lo lamento
pero también
otra cosa
mi alegría
la existencia
se trata de
no la euforia
es otra cosa
considero

sí
no pienso es ánima
lo lamento
es
mi entereza

es
una designación es
lo que se pone a prueba
mi existencia
un ancla
hay que pesarla
un fundamento
el otro
no ella
no una salvación
la primera letra de su nombre
d
sin poesía al fin
sin figuras ya
no hay pretextos
la primera letra de su nombre
d
inflexible
la persistente satisfacción
algo dentro de la sangre
que ya no se diluye

Líneas

Durante algún tiempo mi cabeza estuvo persiguiendo, con cierta obstinación, la idea de la apropiación. Me inquietaba esa aspiración que muchos escritores formulan con solemnidad —la famosa "voz propia", la lírica personalísima— como si la escritura no estuviera hecha, precisamente, de ecos, de préstamos y de resonancias.

Me preguntaba hasta qué punto uno siente la angustia de las influencias y trata de esquivarlas. Y también si no sería más honesto —o más fértil— dejarse llevar por ellas.

En una librería de Buenos Aires me encontré, por casualidad, con *El genio de nuestra raza - Las reescrituras* de Leónidas Lamborghini. El ritmo, la sonoridad, los versos tronchados, la sintaxis revuelta: todo parecía empujar el poema hacia otra parte. Aquellos textos no avanzaban en línea recta; trotaban y a veces se encabritaban. Ahí encontré la forma de mis poemas, que no es otra que la pregunta por mi relación con el deseo que provoca la adicción, la muerte de mi padre y esa manera —a veces torpe, a veces obstinada— de intentar habitar el mundo.

Comencé a escribir estos poemas hacia 2017 o 2018. Durante mucho tiempo el libro avanzó como un caballo inquieto a trompicones, retrocediendo y volviendo a arrancar. A veces parecía que el ritmo se había perdido para siempre. Otras veces aparecía de pronto, como un relincho a mitad de la noche. Mientras escribía, el fraseo de Lamborghini se filtraba en mis propios versos. Algo parecido a una glosolalia surgía sobre el papel. Las frases entrecortadas querían acercarse al bruxismo que provoca la coca: la mandíbula tensa, el pensamiento acelerado, el cuerpo atrapado en un movimiento que no termina de detenerse.

Después apareció *En la soledad de los campos de algodón*, de Bernard-Marie Koltès. En ese diálogo entre comprador y vendedor —esa tensión constante entre deseo y objeto de deseo— reconocí algo que también estaba buscando: un campo de fuerzas donde el ritmo y el sentido tiran en direcciones distintas.

Más tarde llegó el espectro de Hamlet, en la traducción de Tomás Segovia, y el libro empezó a tomar la forma que ahora tiene.

El título de este libro proviene de una frase de *En la soledad de los campos de algodón*:
"La mirada pasea, se posa y cree encontrarse en terreno neutro y libre, como una abeja en un campo florecido, como el hocico de una vaca en el espacio cerrado de una pradera".

El resto es, en buena medida, el rastro de ese movimiento, es decir, el poema, no el sujeto, aquello que se dice, que se moviliza y que más allá del papel, es lengua viva. la escritura como la piel y la reescritura como escisión sobre la misma, como una forma de abrir la conversación con el mundo, de abrir (se) hacia lo (s) otro (s), de reconocer (se) y descubrir (se).

Sólo me queda agradecer a quienes acompañaron la revisión de estos poemas y, de manera muy especial, a Esto no es Berlín por apostar por ellos.

En las carreras de caballos siempre hay alguien que decide confiar en un animal que todavía no ha demostrado nada. Ellos apostaron por este. Y el caballo —al menos por ahora— sigue corriendo.

Índice